BEI GRIN MACHT SICH IHR WISSEN BEZAHLT

Geschlechterkritische Perspektiven in der politischen Theorie. Warum man sie braucht und wie politische Repräsentation gestaltet sein muss, um die gleichberechtigte Teilhabe von Frauen zu garantieren?

Felix Märtin

Bibliografische Information der Deutschen Nationalbibliothek:

Die Deutsche Nationalbibliothek verzeichnet diese Publikation in der Deutschen Nationalbibliografie; detaillierte bibliografische Daten sind im Internet über http://dnb.d-nb.de abrufbar.

ISBN: 9783346434104
Dieses Buch ist auch als E-Book erhältlich.

Druck und Bindung: Books on Demand GmbH, Norderstedt Germany
Gedruckt auf säurefreiem Papier aus verantwortungsvollen Quellen

Das vorliegende Werk wurde sorgfältig erarbeitet. Dennoch übernehmen Autoren und Verlag für die Richtigkeit von Angaben, Hinweisen, Links und Ratschlägen sowie eventuelle Druckfehler keine Haftung.

Das Buch bei GRIN: https://www.grin.com/document/1031754

Christian-Albrechts-Universität zu Kiel

Institut für Sozialwissenschaften/Politikwissenschaften

Seminar: Politische Theorie und Ideengeschichte: Politische Theorie aus geschlechterkritischer Perspektive

Warum bedarf es einer geschlechterkritischen Perspektive in der politischen Theorie und wie ist politische Repräsentation auszugestalten um die gleichberechtigte Teilhabe von Frauen zu garantieren?

Felix Märtin

Bachelor Soziologie/Deutsch

Kiel, 31.08.2020

INHALTSVERZEICHNIS

1 EINLEITUNG

1.1 VORGEHENSWEISE UND ZIELSETZUNG

Frauen finden im klassischen Kanon der Philosophie kaum Beachtung. Obwohl man auf viele einflussreiche Philosophinnen stößt, werden jedoch zu wenige Frauen im 18. Jahrhundert in den Kanon integriert. „Die Abwesenheit von Philosophinnen in unserem Kanon heute zeugt noch von dieser „gestohlenen Geschichte" (Hagengruber 2019: 9). Einige Gründe dieser Lücken im philosophischen Kanon gilt es zu ergründen und in dieser Hausarbeit herauszustellen. Es soll um die Frage gehen, warum es einer geschlechterkritischen Auseinandersetzung in der politischen Theorie bedarf, und auf welche Aspekte eine politische Theorie daher besonders achten sollte. Im Folgenden wird auf die politischen und sozialen Denkweisen, die seit der Antike bis hin zur Neuzeit über die Geschlechterordnung vertreten waren, eingegangen und die davon ausgehenden Konsequenzen für die Aufgaben und Eigenschaften der Frauen benannt. Ein besonderes Augenmerk soll dabei auf die soziale Institution „Familie" gerichtet werden, die dem öffentlichen Leben in vielen Theorien und Denkweisen abgesondert gegenübersteht und viele Frauen auf einen Handlungsort, den häuslichen Bereich, beschränkt. Außerdem soll die Idee der politischen Repräsentation aus verschiedenen Blickwinkeln betrachtet werden und ein angemessenes Konzept beleuchtet werden, bei dem Frauen eine gleichberechtigte Teilhabe am politischen Geschehen garantiert wird.

2 WARUM BEDARF ES EINER GESCHLECHTERKRITISCHEN PERSPEKTIVE IN DER POLITISCHEN THEORIE?

2.1 UNGERECHTFERTIGTE LEGITIMATIONSGRUNDLAGE FÜR HERRSCHAFTSVERHÄLTNISSE IN DER ANTIKE

Es ist epochenabhängig, ob Frauen in der Kultur- und Philosophengeschichte präsent sind. Ein Grund für die Verdrängung der Frauen aus dem Kanon ist häufig die zum Vorteil der männlichen Philosophen argumentierte „Andersartigkeit" der Denkweise von Frauen, die durchaus negativ bewertet wurde (vgl. Hagengruber 2019: 9-10). Schon während der Antike entstanden unterschiedliche Bilder der Geschlechterordnung. Wohingegen Platon noch von der Gleichheit der Naturen von Mann und Frau ausgeht, ist Aristoteles patriarchalisches Bild von der Inferiorität (d.h. Minderwertigkeit) der Frau gekennzeichnet. Außerdem definiert Aristoteles den „oikos", d.h. Haushalt, als den Ort der Reproduktion von Individuen und als sich differenzierendes Herrschaftsgebilde zur Erhaltung des Lebens, von der sich die „polis", d.h. politische

Gemeinschaft freier und gleicher Bürger, unterscheidet. Die Trennung dieser sog. Sphären (polis und oikos) verortet die Frau in die Sphäre des Haushaltes. Nach Aristoteles seien Frauen im ehelichen Verhältnis dem Mann untergeordnet, weil ihre unvollkommene Vernunft eine Herrschaft unzuverlässig machen würde. So folgt ihr Ausschluss aus der polis, der den Frauen die Möglichkeit nahm, sich in der politischen Öffentlichkeit zu beteiligen (vgl. Doyé 2002: 10 ff.):

> *„nur wer von Produktion und Arbeit freigestellt ist, eben der Haushaltsvorstand, kann an dem auf Realisierung des guten und d.h. tugendhaften Leben ausgerichteten Bereich des Politischen partizipieren."* (Doyé 2002: 13).

Aristoteles begründet die Rangordnung der Geschlechter auf Grundlage der Natur, liefert jedoch keinen Nachweis für die Inferiorität der Frau von Natur aus. Den Frauen der damaligen Zeit blieb eine Partizipation am öffentlichen Leben, an der Bildung und einem Berufsleben vorenthalten. Die Rechtfertigung der Höherwertigkeit des männlichen Geschlechts auf Grundlage der Natur ist ein dem männlichen Geschlecht dienender Vorteil und wird nicht zureichend von der damaligen politischen Theorie hinterfragt bzw. erkannt. Eine politische Theorie muss insofern die Legitimationsgrundlage von Herrschaft stark begründet und logisch nachvollziehbar darlegen.

2.2 BLINDHEIT GEGENÜBER UNTERSCHIEDLICHER SITUIERUNG IN DER FAMILIE

Mit einem Blick auf das 19. Jahrhundert gerichtet, erklärt die Philosophieprofessorin Cornelia Klinger (vgl. 1994: 119ff.), dass die Debatte über die Emanzipation der Frauen ihren Ursprung im schwierigen Verhältnis zwischen dem Liberalismus und dem Feminismus hat. Das Problem liegt darin begründet, dass die familiäre Privatsphäre, bzw. der häusliche Bereich, aus der liberalen Theorie der Gesellschaft ausgeklammert wurde. Grund dafür war, dass somit vielleicht eine Instabilität des gesellschaftlichen Gesamtgefüges verhindert werden kann, damit ggf. der Sturz eines patriarchalischen Souveräns im Staat nicht die Souveränität des Patriarchen im Haus in Frage stelle. Die bis dahin stets vorhandene Geschlechterungleichheit ist neben subjektiven Gründen – sei es die mangelnde Durchsetzungsfähigkeit der Frau oder der Widerstand des Mannes – hauptsächlich auf ein strukturelles Problem zurückzuführen: die Familie. Der Liberalismus lädt zwar in den Bereich des Öffentlichen ein, erkennt jedoch nicht die unterschiedliche Situierung in der Familie.

„die unterschiedlichen Rollen von Frau und Mann im häuslichen Bereich, d.h. die un-
gleich höhere Belastung der Frau mit den diesem Bereich zugeordneten Pflichten und
der hier zu leistenden Arbeit begrenzt ihre Präsenz und Verfügbarkeit in der Sphäre der
Öffentlichkeit." (Klinger 1994: 122).

Aufgrund dieser geschlechterspezifischen Differenz im Privaten haben die Frauen kaum die
Möglichkeit in der Öffentlichkeit zu partizipieren, weil sie sonst für die ihr im häuslichen Bereich zugewiesenen Aufgaben und Eigenschaften, etwa Fürsorge, Empathie, Liebe, die jenen
in der öffentlichen Sphäre entgegengesetzt seien, fehlen würden (vgl. Klinger 1994: 122f.). Wie
der Liberalismus, so hat auch der Marxismus die Bürde der Familie für die Frau ausgeblendet.
Die Relevanz und Bedeutung der reproduktiven Arbeit, d.h. „die sogenannte Care-Arbeit, die
auf den Erhalt des menschlichen Lebens und der Arbeitskraft ausgerichtet ist" (Gruhlich 2018:
Abs. 1) und auch unbezahlte Hausarbeit, Kindererziehung, Pflege von Hilfsbedürftigen, sowie
ehrenamtliche Arbeit miteinschließt, wird nur sehr unzureichend vom Marxismus reflektiert
und beachtet. Liberalismus und Sozialismus übersehen die Tatsache, dass die Frau dem häuslichen Bereich traditionell zugeordnet war.

Der konservative Ansatz dagegen widme sich der Bedeutung der Familie für die Gesellschaft
und ihrer Kooperation, erhebe aber den Anspruch die Frau auf den häuslichen Bereich festzu-
legen, da der Konservatismus auf dem Anliegen der männlichen Vorherrschaft beruhe. Auch
diese politische Theorie weist Mängel auf, weil auf die negativen Aspekte der familiären Privatsphäre nicht eingegangen wurde (vgl. Klinger 1994: 126 ff.).

„The culture identifies masculinity with the values associated with individualism, (...)
competition, seperation, (...). The culture identifies femininity (...) with the values as-
sociated with community – affective relation of care, (...) and cooperation (...) "(Young
1990: 306, zitiert nach Klinger 1994: 129).

Youngs Aussage nach behaupte der Kommunitarismus, dass die Gemeinschaft Vorrang vor
dem Individuum haben sollte. Jedoch wird dieser Aspekt von Feministen stark kritisiert, da sie
sich nicht von einer Gemeinschaft abhängig machen wollen. Die Gemeinschaften hätten für die
Frauen nur sehr bedrückende Rollen. Der Philosophin Marilyn Friedman zu Folge beachte der
Kommunitarismus diese Kritik jedoch nicht (vgl. Friedman 1989, nach Klinger 1994: 130).
Feministen betonen jedoch die ihnen zustehende Wahlmöglichkeit und Freiwilligkeit gegenüber ihrer Partizipation in Gruppen und nicht die Angliederung an eine ausgewählte bzw. vor-
geschriebene Gruppe. Das Individuum soll eine Möglichkeit besitzen sich von dem Bestehen-
den, von den Strukturen, in die es seit seiner Geburt involviert ist, zu trennen. Auch an dieser

Stelle muss eine politische Theorie die Unabhängigkeit des weiblichen Geschlechts stark berücksichtigen und darf diese nicht von seiner Fürsorgebeziehungen abhängig machen. Eine politische Theorie darf nicht „die heile Welt der familialen Gemeinschaft zum Modell der guten Gesellschaft (…) machen" (Klinger 1994: 132), obwohl Frauen auf eine Rolle unfrei beschränkt sind.

Jürgen Habermas, deutscher Soziologe und Philosoph und Max Horkheimer, ehemaliger deutscher Sozialphilosoph, erkennen eine Ambivalenz in den Familien, sind jedoch nicht in der Lage zu erklären, warum diese bestehe. Habermas Untersuchungen zum Strukturwandel haben ergeben, dass sich der Zweck der privaten Sphäre im Zuge der kapitalistischen Produktionsweise gewandelt hat, indem die gesellschaftliche Arbeit und den damit verbundenen „Anstrengungen und Abhängigkeitsverhältnissen" (Habermas 1990: 87, zitiert nach Klinger: 1994: 133) den privaten Bereich verlassen haben. Demnach würde der häusliche Bereich zur

> „gesättigten und freie[n] Innerlichkeit" (Habermas 1990: 109 f., zitiert nach Klinger
> 1994: 133), bzw. zum „Reich der Freiheit" (Horkheimer 1988: 421, zitiert nach Klinger
> 1994: 134).

Habermas übersieht, dass die Anstrengungen und Abhängigkeiten sowohl an der produktiven Arbeit, die im öffentlichen Leben stattfindet, als auch an der reproduktiven Arbeit im privaten Bereich hängen. Demzufolge ist es also nur die dem Mann zugeordnete produktive Arbeit, die den häuslichen Bereich verlässt. Die besonders den Frauen zugeteilte reproduktive Arbeit findet teilweise bis heute weitgehend im häuslichen Bereich statt. Nach Klinger (vgl. 1994: 135) setze hier das endogene geschlechtspezifische Herrschaftsverhältnis zwischen Menschen an. Doch die erzeugte Vorstellung einer Geschlechterneutralität, ausgedrückt durch die häusliche Freiheit und Liebe, mache die eigentliche unterschiedlicher Verteilung der Güter nicht nur unsichtbar, sondern sie privilegiere nur die Erfahrung des Mannes.

2.3 ASPEKTE, DIE EINE GESCHLECHTERKRITISCHE POLITISCHE THEORIE BEACHTEN MUSS

Eine politische Theorie muss deshalb strikt die Erfahrungen von Männern als auch von Frauen beachten und öffentlich äußern. Denn ohne diese zusätzlichen Mitteilungen über die häuslichen Erfahrungen durch Frauen, bleibt die Frage nach einer Geschlechtergleichstellung und einer gerechten Aufteilung der geschlechterspezifischen Aufgaben nur sehr subjektiv und lückenhaft beantwortet.

„The exclusion of woman and their point of view is not just a political omission and a moral blind spot but constitutes an epistemological deficit as well." (Benhabib 1992:13, zitiert nach Klinger 1994: 139).

Es muss eine realitätstüchtige, adäquate und umfassende Theorie der Gesellschaft geben, die nicht nur durch die Erfahrung auf der männlichen Seite ausgedrückt wird. Um die eingeschränkte Rolle der Frau in den Denkweisen des Liberalismus, Konservativismus, Sozialismus und Marxismus zu erkennen, bedurfte es der Entstehung einer neuen politischen Theorie: des Feminismus. Der Feminismus untersuchte fortschreitenden Veränderungen in der sozialen Ordnung, die andere politische und soziale Theorien nicht erfassen konnten, wie zum Beispiel die sich verkleinernden Familien seit Beginn der Neuzeit und den hierzuvor herausgestellten Aspekten.

„Über [die] spezifischen Differenzen zwischen sozialistischem und radikalem Feminismus in der Frage des relativen Werts des Lebens im Haus und außerhalb des Hauses hinaus gibt es jedoch ein entscheidendes gemeinsames Charakteristikum: die Erkenntnis der Notwendigkeit, beide Sphären und ihre Beziehung zueinander zu thematisieren. [Der Feminismus hat] ein Bewusstsein davon, daß die Art, in der (...) das gesellschaftliche Leben in ein Leben im Haus und ein Leben außerhalb des Hauses aufgeteilt [wurde] (...), die Betrachtung der häuslichen Sphäre und der Frauen als inferior begünstigt hat." (Benhabib 1987: 557-558).

Für Cornelia Klinger (1986: 68) bestehe das Problem der männlichen Überlegenheit darin, „daß sich das männliche Denken zum Allgemein-Menschlichen aufschwingt und die eigene Geschlechtsgebundenheit leugnet." Die Benachteiligung des weiblichen Geschlechts und der historisch auffallend stabile männliche Machtanspruch seien mitunter auf die Tatsache zurückzuführen,

„daß sich das männliche Prinzip durch die Gleichsetzung von Mann und Mensch der direkten Opposition mit dem weiblichen entzieht, sich durch die Anmaßung der Überordnung über die Geschlechtlichkeit immunisiert und gleichzeitig von diesem unangreifbaren Standpunkt aus das Weibliche richtet"

Für Klinger ist es also unabdingbar „die Okkupation des Menschlichen durch das Männliche als illegitim und unhaltbar zurückzuweisen" (1986: 68), um den Machtanspruch des männlichen Geschlechts zu brechen.

7

Für die Philosophin Ruth Hagengruber (2019: 13) ist „es wichtig zu zeigen, dass Frauen Geschichte anders erzählen." Denn Frauen erzählen Geschichte aus einem anderen Blickwinkel mit anderen Schwerpunkten, aus denen wir lernen können. So sei es möglich die Erfahrungen beider Geschlechter angemessen zu verstehen und politische Entscheidungen auf dieser Grundlage zu treffen, die alle Gruppen gleichermaßen berücksichtigen. Sollten daher Frauen durch politische Repräsentantinnen vertreten werden? Oder überhaupt: sollte jede Gruppe durch eine angemessene Anzahl Vertreter ihresgleichen repräsentiert werden, damit Bedürfnisse, historische Erfahrungen und Probleme in der Öffentlichkeit Anklang finden?

3 WIE IST POLITISCHE REPRÄSENTATION AUSZUGESTALTEN, UM DIE GLEICHBERECHTIGTE TEILHABE VON FRAUEN ZU GARANTIEREN?

3.1 AUSGANGSPUNKTE UND FRAGEN DER POLITISCHEN REPRÄSENTATION

„what reasons can be given for supposing someone or something is being represented. This is simply the question of what representation means. (…) What we need is not just an accurate definition, but a way of doing justice to the various more detailed applications of representation in various contexts - how the absent thing is made present, and who considers it so." (Pitkin 1967: 10).

Politische Repräsentation ist eine komplexe Struktur, von der es viele unterschiedlich Formen gibt. In ständiger Bewegung sind die Fragen darüber, wer politischer Repräsentant sein darf, wer repräsentiert werden soll, und die Art, wie repräsentiert werden soll. Zurzeit der Frühmoderne erlebt Europa ausschlaggebende Veränderungen des Politischen. Die beiden Ausgangspunkte der modernen repräsentativen Demokratie stellen dabei zum einen die „Abkoppelung der politischen Legitimationsbegründung von der Idee Gottes und die Vorstellung der Volkssouveränität" (Diehl 2018: 154) dar. Mit letzterem ist der Bruch mit der Verkörperung der Macht durch den König bzw. Bruch mit dem Absolutismus, der durch das Aufkommen des Souveränitätsprinzips entsteht, gemeint.

3.2 REPRÄSENTATION BEI HOBBES

„Eine Person ist der, dessen Worte oder Handlungen entweder als seine eigenen ange-
sehen werden [natürliche Person], oder als solche, die die Worte oder Handlungen ei-
nes anderen Menschen oder Dinges vertreten [künstliche Person], denen man sie tat-
sächlich oder durch Fiktion zuschreibt." (Hobbes 1966: 123).

Für Thomas Hobbes ist die politische Repräsentation in Kapitel 16. des „Leviathan" Kern seiner
Argumentation. Dabei nahm er eine wichtige zeitgenössische Debatte um die künstlichen Herr-
schernachbildungen auf. Hobbes formulierte im Leviathan 1651 eine Grundidee der Demokratie, in dem er alle Bürger zum Teil eines lebendigen Bildes machte. Eine Person ist Hobbes
zufolge „dasselbe wie ein Darsteller" (1966: 123), also jemand der wie auf einer Bühne oder
im Gerichtssaal stellvertretend spricht oder handelt. Hobbes unterschied, indem er die Person,
als den mit Autorität handelnden Vertreter, dem Autor, als den rechtmäßigen Besitzer seiner
Worte und Handlungen, gegenüberstellte (vgl. 1966: 123). Erste Grundzüge demokratischen
Denkens lassen sich dabei unter den Bedingungen finden, die eine solche Übertragung der Autorität seitens des Autors auf seinen Vertreter, der die gewünschte, vertraglich geregelte Handlung durchführt, regelt:

„Niemand wird durch einen Vertrag verpflichtet, dessen Autor er nicht war und folglich
nicht durch einen Vertrag, welcher der von ihm verliehenen Autorität zuwiderläuft oder
sich nicht im Rahmen hält. (...) Handelt der Vertreter auf irgendeine Art auf Befehl des
Autors gegen das natürliche Gesetzt und ist er durch einen vorausgegangenen Vertrag
zu Gehorsam verpflichtet, so bricht nicht er, sondern der Autor das natürliche Gesetz"
(1966: 124).

Allgemein folgernd schrieb Hobbes, „daß der Vertreter beim Abschluß eines autorisierten Ver-
trags den Autor ebenso verpflichtet, als hätte ihn dieser selbst abgeschlossen" (1966: 124), wes-
halb man Hobbes Repräsentationsauffassung im Unterschied zum modernen Demokratiever-
ständnis als bloße Autorisierung charakterisieren kann. Durch Hobbes politischen Staat, durch
den sich das Volk „im Vertrauen darauf, [...] gegen alle anderen geschützt zu werden, (1966:
135] als unabhängige Handlungseinheit aufgibt, bewirkt der Souverän erst durch die Repräsentation die Einheit des Volkes, die es ohne ihn nicht gäbe:

„Eine Menge von Menschen wird zu einer Person gemacht, wenn sie von einem Men-
schen oder einer Person vertreten wird und sofern dies mit der besonderen Zustimmung
jedes einzelnen dieser Menge geschieht. Denn es ist die Einheit des Vertreters, nicht die

Einheit der Vertretenen, die bewirkt, daß eine Person entsteht. Und es ist der Vertreter, der die Person, und zwar nur eine Person, verkörpert – anders kann Einheit bei einer Menge nicht verstanden werden." (Hobbes 1966: 125)

Wichtig zu betonen ist, dass jeder Einzelne aus dieser Menschenmenge Autor ist, weil jeder dem gemeinsamen Vertreter seine Vollmacht überträgt und alle Handlungen des Vertreters bzw. des Souveräns als eigene anerkennt. Das Produkt ist „die ›künstliche‹ Person des Staates, die nur mittels der Autorisierung des Souveräns und der Repräsentation durch den Souverän existieren kann." (Diehl 2018: 161).

3.3   REPRÄSENTATION BEI PITKIN

Das moderne Verständnis der politischen Repräsentation ist im Wesentlichen durch Hannah Pitkins Buch „The Concept of Political Representation" (1967) geprägt und ist bis heute der Ausgangspunkt für Debatten rund um das Thema politische Repräsentation. Bei ihr geht hervor, dass Repräsentation ein handlungstheoretischer Begriff ist: "re-presentation, a making present again" (1967: 8). Pitkin (vgl. 1967: 36) kritisiert die im Hobbes Vertrag geforderte absolutistische Konzentrierung der Macht auf nur eine Person (Leviathan) in seiner Konzeption von Repräsentation, in der die Repräsentation nur durch den Akt des Autorisierens zustande kommt:

„When we look at the Hobbesian political structure as a whole we are most aware of how partial, formal, and empty of substance his concept of representation is. A sovereign given complete power in perpetuity, with no obligation to consult the wishes of his subjects and no duties toward them which they can claim – surely nothing could be farther from what we ordinarily think of as representation or representative government! We read the Leviathan and feel that somehow we have been tricked." (Pitkin 1967: 34).

Sie schlussfolgert, Hobbes habe sich für diese, lediglich auf Autorisierung beruhende Repräsentation entschieden, weil Stabilität, Ordnung und die Eliminierungen jeglicher Konflikte seine höchsten Ziele gewesen seien und eine Repräsentation, in der jeder Repräsentant mitwirkt, dies nicht garantieren könne. Autorisierung sei grundsätzlich die für jede moderne Repräsentationsbeziehung notwendige Erlaubnis, damit überhaupt ein Wille oder eine Handlung vertreten werden kann (vgl. Pitkin 1972: 39), aber ohne Kontrollinstanz, die überprüft, ob der Repräsentant im Sinne der Repräsentierten handelt, habe Repräsentation als reine Autorisierung schwerwiegende Folgen für die Demokratie. Pitkin erweitert Hobbes Repräsentationsbegriff durch ein weiters formalistisches Kriterium, um Legitimität seines Repräsentationskonzepts herzustellen:

> *Hobbes' definition is essentially formalistic, conceiving of representation in terms of formal arrangements which precede and initiate it: authorization, the giving of authority to act. From this view we turn to one which is diametrically opposed, yet equally formalistic, defining representation by certain formal arrangements that follow and terminate it: accountability, the holding to account of the representative for his actions."*
> (1967:11).

Mit „Accountability" wird die Möglichkeit für die Repräsentierten bezeichnet, dem Repräsentanten Rechenschaft abzuverlangen, ihn zu kontrollieren und sein Fehlverhalten zu sanktionieren (vgl. Pitkin 1972: 41). Auch John Locke, der eine Gegenposition zu Hobbes einnahm, versuchte durch seinen Gesellschaftsvertrag Machtmissbrauch zu verhindern, indem er die Staatsgewalten voneinander trennte und diese nicht mehr auf eine Person konzentriert wurden (vgl. Locke 1967: 286ff.). Rousseaus Verständnis der Volkssouveränität, nach dem im Unterschied zu Hobbes das Volk in seiner Gesamtheit über der Verfassung steht (vgl. Rousseau 2011: 28ff.), markiert die moderne Demokratie bis heute.

Doch Frauen blieben stetes unberücksichtigt und von der im Vertrag beschriebenen Gleichheit ausgeschlossen. Das von Rousseau in seinem pädagogischen Hauptwerk „Emile" erzeugte Familienmodell steht im Gegensatz zur gesellschaftlichen Realität: „Ihre Würde ist es, nicht gekannt zu sein; ihre Ehre ist die Achtung ihres Mannes; ihre Freuden liegen im Glück ihrer Familie." (Rousseau 2002: 190). Iris M. Young zu folge blieb die Frau in der Theorie Rousseaus ausgeschlossen, um die Einheit und Universalität der Freiheit und Rationalität zu wahren, denn die weiblichen Eigenschaften und Besonderheiten des Gefühlslebens würden die Einheit der Öffentlichkeit fragmentieren. Die Allgemeinheit des Öffentlichen beruhe also auf dem Ausschluss der Frauen, die für den Privatbereich verantwortlich sind (vgl. 1993: 272).

3.4 GLEICHBERECHTIGTE TEILHABE VON FRAUEN DURCH ENTSPRECHENDE GRUPPENVERTRETUNGEN

Auch heute zeigt sich, dass die Grundidee der politischen deskriptiven Repräsentation (d.h.: Repräsentant und Repräsentierender sind sich in bestimmten Merkmalen, wie etwa des Geschlechts, der Hautfarbe oder des Alters hinreichend ähnlich, sodass das stellvertretende Handeln authentisch ist) durch ungerechte Quoten verletzt wird und zu Legitimationsproblemen führt, beispielsweise in der Zusammensetzung des deutschen Bundestages. Im Bundestag beträgt der Frauenanteil etwa 31,2 % (Volkshandbuch 2019). Die veränderte Zusammenstellung des Parlaments sei zum Nachteil der Frauenrepräsentation durch die Interaktion von parteilichen Kandidatenauswahlprozessen und verändertem Wahlverhalten bedingt. Obwohl Frauen mehr als die Hälfte der Wahlberechtigten ausmachen, sind im Parlament mehr als zwei Drittel Männer vertreten (vgl. Bukow 2018: o.S.).

Iris M. Young, Befürworterin der deskriptiven Repräsentation, äußert sich kritisch gegenüber dem Problem, dass „manche Gruppen privilegiert und andere unterdrückt sind" (1993: 282) bzw. weniger präsent sind. Insofern spricht Young vom „Paradox der Demokratie", weil politische Gleichheit nur aufgrund von sozialer Ungleichheit bzw. aufgrund von Ausschließungen diverser Gruppen aus dem Öffentlichen Leben existiere (vgl. Sauer 2011: 134). Für Young waren diese

> *„Ausschließungen (...) eine direkte Konsequenz der Dichotomie zwischen öffentlich und privat (...). Solange diese Dichotomie in Kraft ist, erzwingt die Aufnahme der zuvor Ausgeschlossenen (...) in die Definition der Staatsbürgerschaft eine Homogenität, die die Unterschiede der Gruppen in der Öffentlichkeit unterdrückt"* (Young 1993: 274).

Ihr zu Folge partizipieren Frauen weniger, weil ihre Erfahrungen und Perspektiven aus unterschiedlichen Gründen zum Verstummen gebracht werden (vgl. 1993: 278). Zum Beispiel ermögliche Privilegierung einigen Gruppen

> *„ihrer gruppenbedingten Fähigkeiten, ihrer Werte, ihre kognitiven Muster und Verhaltensstile als die Norm zu vermitteln, mit der konform zu sein von allen Personen erwartet wird."* (1993: 294).

> *„Das Ideal eines Gemeinwohls, eines Allgemeinwillens und eines geteilten öffentlichen Lebens drängt auf eine homogene Bürgerschaft. (...) [Denn der] von Männern gegründete moderne Staat und seine Öffentlichkeit (...) traten als universale Werte und Normen auf, die aus spezifischen männlichen Erfahrungen abgeleitet waren"* (1993: 271)

Demnach werde von Frauen aber auch von anderen unterdrückten Gruppen verlangt sich anzupassen, weil die Herstellung staatsbürgerlicher Rechte aufgrund zuletzt genannter Aspekte nicht zu sozialer Gerechtigkeit führte. Eine mögliche Lösung sieht Young darin „institutionalisierte Wege zur ausdrücklichen Anerkennung und Repräsentation unterdrückter Gruppen zu schaffen." (1993: 279). So fordert Young spezielle Rechte und keine allgemeinen, universellen Begriffe, die für Gruppendifferenzen blind sind. Sie fordert, dass alle Menschen an den gleichen Normen gemessen werden, denn nur die Beachtung solcher Differenzen, wie beispielsweise

„unterschiedliche Bedürfnisse, Kulturen, Geschichten, Erfahrungen" (1993: 276), kann die Inklusion und Partizipation aller Gruppen an den politischen und ökonomischen Institutionen gewährleisten (vgl. 1993: 294).

Unter der Voraussetzungen, „daß Gruppendifferenzen vorhanden sind und daß manche Gruppen tatsächlich oder potentiell unterdrückt und benachteiligt sind" (1993: 283), stellt für Young die Gruppenvertretung eine zentrale Forderung ihrer partizipatorischen Demokratie dar, die eine Inklusion und Teilhabe aller am Öffentlichen Diskurs und der öffentlichen Entscheidungsfindung garantiere. Eine Gruppenvertretung vertrete die unterschiedlichen Meinungen, Sichtweisen, Vergangenheiten und Perspektiven auf das soziale Leben der benachteiligten Gruppen, die andere Menschen nicht immer gänzlich verstehen könnten (vgl. 1993: 283ff.). In diesem Sinne lautet ihre Frage, ähnlich wie bei Jane Mansbridge, ob Frauenanliegen besser durch Frauen vertreten werden sollten bzw. „Should Blacks Represent Blacks and Woman Represent Woman?" Ihr Ziel ist es also Unterdrückung, durch Repräsentation der Unterdrückten Gruppen mittels einer angemessenen Gruppenvertretung, zu minimieren:

> *„eine Gesellschaft [sollte sich] immer auf die Repräsentation unterdrückter oder benachteiligter Gruppen verpflichten und bereit sein, eine solche Repräsentation zu implementieren, wenn Unterdrückung erkennbar wird"* (1993. 284),

denn

> *„[n]iemand kann beanspruchen, im Allgemeininteresse zu sprechen, weil keine der Gruppen für die andere sprechen kann, und ganz gewiß kann keine Gruppe für alle sprechen. Wenn man erreichen will, daß alle Gruppenerfahrungen und sozialen Perspektiven ausgesprochen, angehört (...) werden, ist darum der einzige Weg derjenige, sie jeweils einzeln in der Öffentlichkeit repräsentiert zu haben."* (1993. 285).

Erst durch die Gruppenvertretung werden gerechte Resultate in politischen Entscheidungsprozessen ermöglicht und jene Gruppen können ihre Sicht der strittigen Fragen darstellen und ein gruppenspezifisches Votum abgeben. Benachteiligte Gruppen bzw. Individuen sollen schließlich auf die ihr zustehende Gerechtigkeit verweisen, die verlangt, dass sie Anspruch auf „etwas" haben (vgl. 1993: 285ff.). Solange Unterdrückung oder Benachteiligung jener Gruppen existiert oder

„wenn die Geschichte und die soziale Situation einer Gruppe eine besondere Perspek-
tive auf strittige Fragen mit sich bringt, die Interessen ihre Mitglieder besonders betrof-
fen sind und wenn ihre Wahrnehmungen und Interessen ohne eine solche Vertretung
wenig Aussicht haben, Ausdruck zu finden" (1993: 289),

soll es laut Young Aufgabe der politischen Öffentlichkeit sein, die Vertretung zu übernehmen
(vgl. 1993: 288f.).

Sowohl Jane Mansbridge als auch Iris M. Young gelten als Befürworterinnen deskriptiver Repräsentation mit einem deliberativen Politikverständnis und sehen in deliberativen Zusammen-
hängen das Potential einer legitimen Repräsentationsform gegeben (vgl. Mansbridge 1999:
643f.). Der inhaltliche Kern des deliberativen Demokratiemodells bestehe für Mansbridge in
der Kommunikation, indem Bürger in kleinen Gruppen zusammenkommen und besprechen,
wie die anstehenden politischen Probleme im Sinne des Gemeinwohls zu lösen sind (vgl. 1999:
642f.). Mansbridge argumentiert mit einem Beispiel, dass die Vorzüge deskriptiver Repräsentation sich insbesondere in deliberativen Aushandlungsprozessen entfalten würden und dass
eher deskriptive Repräsentanten aus benachteiligten Gruppen, die ihre Erfahrungen teilen, in
das politische System einbezogen werden sollten, weil somit ihre Interessen besser vertreten
würden:

„In deliberation, perspectives are less easily represented by nondescriptive represent-
atives. Through reading, conversation, and living with left-handers, righthanders can
learn many of the perspectives of this group that would be relevant to a deliberation. As
we will see, however, in the contexts of communicative mistrust and uncrystallized in-
terests the vicarious portrayal of the experience of others by those who have not them-
selves had those experiences is often not enough to promote effective deliberation –
either vertically between constituents and their representatives or horizontally among
the representatives." (1999: 635).

Für Mansbridge entstehe erst mit einer solchen Gruppenvertretung das Gefühl der Inklusion,
ein Gefühl durch seine Vertretung mehr in die Politik hineinbezogen zu werden. Dieses Gefühl
mache die Politik in den Augen der Vertretenen demokratischer:

„Easier communication with one's representative, awareness that one's interests are
being represented with sensitivity, and knowledge that certain features of one's identity
do not mark one as less able to govern all contribute to making one feel more included
in the polity." (1999: 651).

Mansbridge betont neben der Kommunikation gruppenspezifischer Interessen auch die symbolischen Effekte deskriptiver Repräsentation (vgl. 1999: 648ff.). Wie beispielsweise die Frauen lange Zeit als schwach und unsportlich betrachtet wurden, im Sport eher unterpräsentiert waren, aber durch ihre ersten sportlichen Erfolge an Aufmerksamkeit gewannen, führt Mansbridge vergleichend an, so kann sich durch sichtbare Präsenz deskriptiver Repräsentanten die Legitimität der Demokratie aus Sicht der benachteiligten Gruppen erhöhen und ihre soziale Bedeutung verschoben werden (vgl. 1999: 649).

4   FAZIT

Zusammenfassend soll in dieser Hausarbeit deutlich werden, dass eine egalitäre Gesellschaft hinsichtlich der Geschlechter einer kritischen Auseinandersetzung bedarf, gerade im Hinblick auf den familiären Bereich, damit Frauen die politische Öffentlichkeit betreten können und nicht aus dem philosophischen Kanon verdrängt werden. In allen hier genannten politischen Theorien hatte die Familie eine eigene Stellung und Hierarchie. Die Familie ist schon immer ein aus der politischen Öffentlichkeit ausgeklammerter Teil der Gesellschaft gewesen, deren Rolle für die Frauen oft nicht richtig erkannt oder bewertet wurde. Es ist daher wichtig, in die Geschichte zu blicken um zu ergründen, welchen Ursprung die ungleiche Geschlechterstellung hatte und wo die politischen Theorien blind für Gründe der Geschlechterungleichheit waren. Zukünftig sollten daher Konzepte beibehalten werden, die die Aufgaben im häuslichen Bereich fair auf beide Geschlechter aufteilen, um ihnen beiden eine Teilnahme am öffentlichen Leben zu gewährleisten.

Schließlich ist anzumerken, dass politische Repräsentation aus geschlechterkritischer Perspektive, aber auch aus Perspektive aller ungerecht repräsentierten Gruppen, eben nur funktionieren kann, wenn alle Erfahrungen, Interessen und Bedürfnisse jener benachteiligter Gruppen hinreichend artikuliert werden, indem diese Gruppen deskriptiv vertreten werden. Politische Repräsentation im deskriptiven Sinne ist eine gute Möglichkeit, Erfahrungen von benachteiligten Gruppen authentisch wiederzugeben und auf ihre Bedürfnisse aufmerksam zu machen. So soll in Zukunft auch stets auf die unterschiedliche Situierung der beiden Geschlechter z.B. im privaten Leben aufmerksam gemacht werden. In Bezug auf das vorangestellte Zitat Pitkins ist es auf diese Weise möglich, der Repräsentation in verschiedenen Kontexten gerecht zu werden und „the absent thing" (1967: 10) angemessen zu repräsentieren.

5 LITERATURVERZEICHNIS

Benhabib, Seyla; Nicholson, Linda 1987: Politische Philosophie und die Frauenfrage, in: Fetscher, Iring/Münkler, Herfried (Hrsg.): Pipers Handbuch der politischen Ideen, München: Piper, 513-562.

Bukow, Sebastian; Voß, Fabian (2018): Frauen in der Politik: Der weite Weg zur geschlechtergerechten Repräsentation. In: Heinrich Böll Stiftung. URL: https://www.boell.de/de/2018/03/02/frauen-der-politik-der-weite-weg-zur-geschlechtergerechten-repraesentation?dimension1=division_demo#1-Text (Download: 22.06.20).

Diehl, Paula (2018): Kapitel 19 Repräsentationsideen, in: Salzborn, Samuel (Hrsg.) Handbuch Politische Ideengeschichte, Wiesbaden: Springer VS, 154-163.

Doyé, Sabine; Heinz, Marion; Kuster, Friederike (Hrsg.) 2002: Einleitung, in: dies. (Hrsg.): Philosophische Geschlechtertheorien zur Einführung. Ausgewählte Texte von der Antike bis zur Gegenwart, Stuttgart: Reclam, 7-18.

Gruhlich, Julia 2018: Arbeit. In: Gender Glossar. URL: https://gender-glossar.de/glossar/item/84-arbeit (Download: 16.04.20).

Hagengruber, Ruth 2019: Die gestohlene Geschichte, Gespräch mit Ruth Hagengruber von Catherine Newmark, in: Philosophinnen. Eine andere Geschichte des Denkens, Philosophiemagazin. Sonderausgabe, 9–14.

Hobbes, Thomas (1966) [1651]: Kap. 16-18; in: Leviathan. Oder Stoff, Form und Gewalt eines kirchlichen und bürgerlichen Staates (Hrsg. Von Iring Fetscher), Suhrkamp Verlag, Frankfurt/M., 123-145.

Klinger, Cornelia 1986: Das Bild der Frau in der Philosophie und die Reflexion von Frauen auf die Philosophie, in: *Hausen, K./ Nowotny, H.* (Hrsg.): Wie männlich ist die Wissenschaft? Frankfurt am Main, 62–84.

Klinger, Cornelia 1994: Zwischen allen Stühlen - Die politische Theoriediskussion der Gegenwart in einer feministischen Perspektive, in: *Appelt E. / Neyer G.* (Hrsg.): Feministische Politikwissenschaft. Wien: Verlag für Gesellschaftskritik Ges.m.b.H. & Co.KG, 119-143.

Kürschner Volkshandbuch (2019): Abgeordnete in Zahlen: Männer und Frauen. In: Deutscher Bundestag. URL: https://www.bundestag.de/abgeordnete/biografien/mdb_zahlen_19/frauen_maenner-529508 (Download: 22.06.20).

Locke, John (1967) [1689]: Buch II, Kap. 8 Die Entstehung von politischen Gesellschaften u. Kap. 9 Die Ziele der politischen Gesellschaft und der Regierung; in: Ders.: Zwei Abhandlungen über die Regierung. Europäische Verlagsanstalt, Frankfurt/ Europa Verlag, Wien, 264-66; 275-78; 280-286.

Mansbridge, Jane (1999): Should Blacks Represent Blacks and Women Represent Women? A Contingent "Yes", in: The Journal of Politics, Vol. 61, Heft 3/1999, 628-657.

Pitkin, Hanna F. (1967): Introduction; in: Dies: The Concept of Representation. Berkeley University Press, Berkeley, 1-13.

Pitkin, Hanna F. (1972): Formalistic Views of Representation; in: The Concept of Representation. Berkeley University Press, Berkeley, 38-59.

Rauschenbach, Brigitte 2004: Politische Philosophie und Geschlechterordnung, FU-Berlin: Gender. Politik. Online, 2-6.

Rousseau, Jean-Jacques (2002) [1762]: Emile oder Über die Erziehung (Fünftes Buch), in: Doyé, Sabine/ Heinz, Marion/Kuster, Friederike (Hrsg.): Philosophische Geschlechtertheorien. Ausgewählte Texte von der Antike bis zur Gegenwart, Stuttgart: Reclam, 163-190.

Rousseau, Jean-Jacques (2011): Buch II, Kap. 1-4; in: Ders.: Vom Gesellschaftsvertrag. Reclam, Stuttgart, 28-37.

Sauer, Birgit (2011): „Only paradoxes to offer?" Feministische Demokratie- und Repräsentationstheorie in der "Postdemokratie", in: ÖZP, Vol. 40, Heft 2/2011, 125-138.

Young, Iris Marion (1993): Das politische Gemeinwesen und die Gruppendifferenz. Eine Kritik am Ideal des universalen Staatsbürgerstatus, in: Nagl-Docekal, Herta/Pauer-Studer, Herlinde (Hrsg.): Jenseits der Geschlechtermoral. Beiträge zur feministischen Ethik, Frankfurt/M.: F scher Taschenbuch, 267-304.